Wimmelspaß

Bunte Sachen

W0356533

CARLSEN

Auf geht's in den neuen Tag! Es wird geduscht, Zähne geputzt und sich angezogen. Aber wo ist nur der Fön zum Haaretrocknen?

Im Badezimmer

die Quietscheente

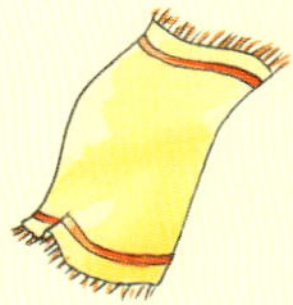

das Handtuch

der Spiegel

die Zahnbürste

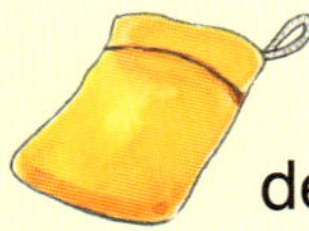

der Waschlappen

der Schlafanzug

Hmm … wie das duftet! Zum Frühstück gibt es leckeren Kakao und Marmeladenbrot. Nanu, wer stiehlt denn da heimlich die Wurst vom Teller?

In der Küche

die Gabel

der Löffel

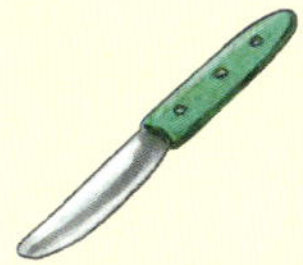

das Messer

das Brot

der Teller

der Käse

Hier steppt der Bär: Es wird getobt, gemalt, gelesen und gelacht. Und beim Kaffeekränzchen sitzt heute ein ganz besonderer Gast.

Im Kinderzimmer

die Puppe

der Teddybär

die Holzeisenbahn

die Spieluhr

der Brummkreisel

das Bett

Auf Kindergeburtstagen wird viel geboten: Wer angelt die meisten Fische aus dem Planschbecken? Ah, die Grillwürstchen duften so lecker!

Beim Kindergeburtstag

das Rutschauto

das Einrad

die Grillwürstchen

der Ketchup

der Ball

das Planschbecken

Bauen und Werkeln sind spannend! Die Kinder basteln einen Bauernhof und das Rutschauto wird repariert. Huch, das war zu viel Öl!

In der Werkstatt

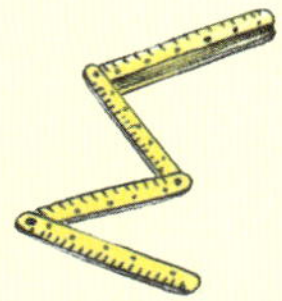

der Zollstock

der Hammer

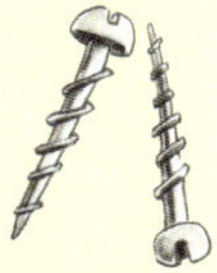

die Schrauben

die Bohrmaschine

die Nägel

der Schraubenzieher

Auf dem Spielplatz gibt es Klettergerüste, eine Schaukel und einen Sandkasten. Und wer mal eine Pause braucht, erfrischt sich mit einem Eis!

Auf dem Spielplatz

die Eiswaffel

die Sandburg

das Segelschiffchen

der Papierflieger

die Schaukel

die Wippe

Hier auf der Baustelle wird fleißig gearbeitet. Bald ist das neue Haus fertig. Tobi ist schon ganz gespannt, wer darin einzieht.

Auf der Baustelle

der Bauarbeiter

der Schutzhelm

der Laster

der Bagger

die Backsteine

der Betonmischer

Was für ein Betrieb! Der Spielzeugladen kriegt ein neues Schild, der Briefträger trägt die Post aus und die Vögel zwitschern von den Dächern!
Haushaltswaren
BÄCKEREI
Exklusive Mode
ZONE

In der Stadt

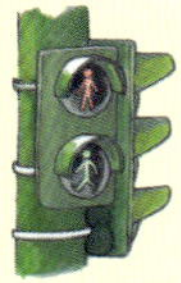

die Ampel

der Müllmann

der Briefkasten

die Handtasche

der Hund

die Jacke

Der Markt ist ein toller Treffpunkt – sogar für Hunde. Hier gibt es so viele aufregende Gerüche! Das frische Obst und Gemüse sieht lecker aus.

Auf dem Markt

die Tomaten

die Karotten

die Bananen

die Gurke

der Salat

der Blumenkohl

Oh, siehst du all die leuchtenden Laternen? Die Kinder tragen heute gruselige Kostüme. Ist das etwa ein echtes Gespenst dort auf dem Turm?

Beim Laternenumzug

die Laterne

die Eule

der Mond

das Gespenst

die Katze

das Mobile

Hier kann man entspannen! Ben freundet sich schnell mit der Hofkatze an. Nach der Apfelernte können sich alle auf köstlichen Kuchen freuen.

Urlaub auf dem Land

der Traktor

der Apfel

die Ziege

das Vogelhäuschen

der Lenkdrachen

das Pferd

Entdeckst du diese Bildausschnitte im Buch?